14.80

Der Arena LeseStier
Kurze Geschichten

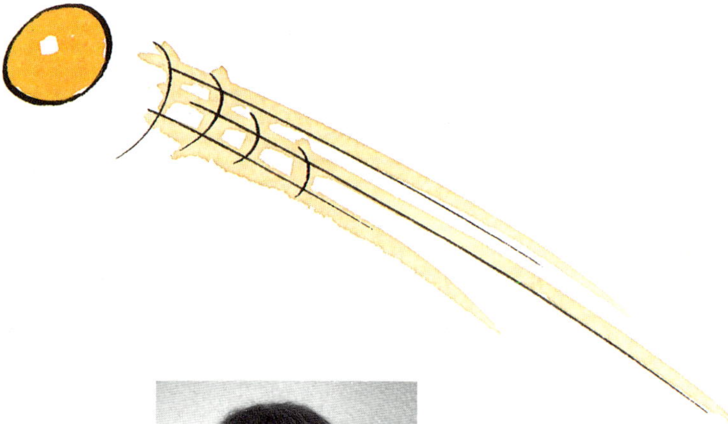

Wolfgang Brenneisen,
geboren 1941, ist Lehrer und schreibt Bücher für Kinder und Erwachsene – meist mit satirischem Einschlag –, außerdem Theaterstücke und Geschichten für seine Schüler.

Weitere lieferbare Bücher von Wolfgang Brenneisen im Arena Verlag:
»Das will ich wissen: Im Verkehr«
»Das fliegende Frühstücksei – und andere quietschvergnügte Quatschgeschichten«

Manfred Bofinger,
in Berlin ansässig, hat jahrelang die satirische Zeitschrift »Eulenspiegel« gestaltet. Für seine Arbeit als Karikaturist und Buchillustrator erhielt er zahlreiche Auszeichnungen.

Wolfgang Brenneisen

Fußball im Klassenzimmer

und andere

Schulgeschichten

Mit farbigen Bildern von
Manfred Bofinger

Arena

Die Deutsche Bibliothek – CIP-Einheitsaufnahme

Brenneisen, Wolfgang:
Fußball im Klassenzimmer
und andere Schulgeschichten / Wolfgang Brenneisen.
Mit farb. Bildern von Manfred Bofinger.
- 1. Aufl. - Würzburg: Arena, 1995
(Der Arena LeseStier: Kurze Geschichten)
ISBN 3-401-04572-5

---

1. Auflage 1995

Einband und Illustrationen: Manfred Bofinger
Einbandlayout: Bernhard Hartlieb
Gesamtherstellung: Westermann Druck Zwickau GmbH
ISBN 3-401-04572-5

Inhalt

Katzenjagd

Heute ist in der ersten Stunde Sachkunde. Die Katze soll behandelt werden. Frau Rosenzweig hat schon gestern ein Arbeitsblatt ausgeteilt. Jeder sollte zu Hause aufschreiben, was er über Katzen weiß.

»Am besten ist immer, wenn man das Tier lebendig vor sich sieht«, sagte Frau Rosenzweig. »Deshalb werde ich meine eigene Katze in die Schule mitbringen.«
»Wie heißt denn Ihre Katze?« fragte Florian.
»Aurora.«
»Hahaha!« Die Kinder wollten sich ausschütten vor Lachen.
»So heißt doch keine Katze!« rief Katja.
»Aurora, so heißt nur eine Mehlsorte!«

»Wie sollte denn deiner Meinung nach eine Katze heißen?« fragte Frau Rosenzweig leicht gekränkt.

»Minka oder Muschi oder Felix«, antwortete Katja.

»Oder Mikesch«, sagte Florian.

»Jetzt hört mal zu«, sagte Frau Rosenzweig. »Aurora ist lateinisch und heißt Morgenröte. Das ist ein sehr schöner Name für eine Katze.«

Da waren die Kinder anderer Meinung. Sie lachten noch lauter.

»Gib Pfötchen, Morgenröte!«

»Ps – ps – ps, Morgenröte!«

»Hast du Hunger, Morgenröte?«

»Hört jetzt mit dem Unsinn auf«, befahl Frau Rosenzweig. »Aurora ist eine wunderschöne Katze. Ihr werdet schon sehen.«

Ja, und heute ist es soweit.

Frau Rosenzweig hat ihre Katze mitgebracht.

Im Katzenkörbchen.
Frau Rosenzweig macht das Körbchen auf. Und Aurora kommt herausgeschritten. Sie ist eine schlanke Siamkatze, hellbraun und schwarz gezeichnet.
»Diese Katze ist aber nicht besonders schön«, sagt Katja enttäuscht.
»Das ist gar keine richtige Katze«, meint Frank.
»Wenn ihr meine Katze schlechtmacht«, sagt Frau Rosenzweig, »geht sie sofort wieder in ihr Körbchen zurück.«
Das wollen die Kinder natürlich nicht. Mit einer Katze ist die Stunde viel interessanter. Aurora schreitet majestätisch vor der Tafel auf und ab und schaut erwartungsvoll in die Klasse.
»Ich habe auch meine Katze von zu Hause mitgebracht«, sagt Florian plötzlich.
»Was? Wo ist sie denn?« will Frau Rosen-

zweig wissen. Sie wirkt etwas beunruhigt. Zwei Katzen, die sich nicht kennen, und noch dazu in fremder Umgebung – das kann Schwierigkeiten geben.
»In meinem Rucksack«, sagt Florian. Tatsächlich, er ist heute mit dem Rucksack in die Schule gekommen. Das ist ein

komischer Rucksack, denn er bewegt sich ständig und beult sich aus. Florian muß richtig mit ihm kämpfen.
»Eine Katze gehört nicht in einen Sack«, sagt Frau Rosenzweig. »Laß sofort deine Katze raus. Wie heißt sie denn?«
»Mikesch«, antwortet Florian. »Es ist ein Kater.«
Er macht den Rucksack auf, und ein schwarzer Teufel saust heraus. Um den Hals trägt er ein weißes Lätzchen. Und er hat weiße Socken an.
Mikesch faucht. Er hat eine Stinkwut, das sieht man. Kein Wunder, er war mindestens eine Viertelstunde lang im Rucksack eingesperrt!
Das ist nichts für einen freiheitsliebenden Kater.
Er sieht sich um. Da entdeckt er Aurora, die fremde Katze. Er duckt sich.

Aurora scheint über seinen Anblick nicht erfreut zu sein. Sie drückt sich an die Wand. Dann setzt sie sich auf den Boden und macht einen Buckel.
»Vielleicht mögen sich die beiden nicht«, sagt Frau Rosenzweig besorgt zu Florian.
Der Kater schleicht nach vorne. Er läßt Aurora keine Sekunde aus den Augen.
»Er spielt nur«, erklärt Florian beschwichtigend.
Jetzt hat sich Mikesch wieder tief geduckt und den Kopf weit vorgereckt. Seine Schwanzspitze zuckt hin und her.
Plötzlich springt er auf Aurora los. Die aber saust weg, und die beiden Katzen rasen in wilder Verfolgungsjagd im Klassenzimmer herum.
»Fang sofort deinen Kater ein, Florian!« ruft Frau Rosenzweig.
Aber wie soll er das machen?

Die Katzen zischen wie geölte Blitze durch den Raum.

»Hoffentlich erwischt der Kater die arme Aurora nicht«, sagt Katja. »Aber im Klassenzimmer hat sie keine Chance.«

Schnell macht sie die Klassentür auf, und – wupps – ist Aurora draußen. Aber bevor Katja die Tür wieder schließen kann, ist auch Mikesch aus dem Zimmer gewitscht. Frau Rosenzweig ruft entsetzt: »Aurora! Rettet meine Aurora!«

Das lassen sich die Kinder nicht zweimal sagen. Alle stürmen hinaus wie eine wildgewordene Rinderherde.

Die Katzen sind schon in der Eingangshalle. Die Schultür steht an diesem warmen Sommertag offen. Im Nu sausen die Tiere ins Freie.

Auch die Kinder rennen hinaus, Frau Rosenzweig hinterher. Die Katzen jagen kreuz und quer über den Schulhof. Dann macht Aurora einen Satz und klettert am Stamm einer Birke hinauf.

Fürs erste gerettet! Sie sitzt oben auf einem Ast.

Mikesch sieht verdutzt drein. Dann aber nimmt er Anlauf und klettert ebenfalls am Baumstamm hoch.
Doch als er oben ist, schlägt ihm Aurora mit ihrer Pfote auf den Kopf.
Mit einem Schmerzensschrei fährt Mikesch zurück – die Krallen tun weh. Er verliert den Halt und stürzt hinab.
Aber er fällt sicher auf seine vier Füße. Jetzt hockt er unten und miaut kläglich.
Florian nimmt ihn auf den Arm und streichelt ihn.
»Bring diesen Teufelskerl sofort nach Hause«, sagt Frau Rosenzweig.
Und weil Florian nicht weit weg vom Schulhaus wohnt, trägt er seinen Kater gleich heim.
»Komm runter, Aurora«, ruft Frau Rosenzweig.
Aurora sieht anfangs noch mißtrauisch

herab. Ist der schwarze Teufel auch wirklich weg? scheint sie zu denken.
Aber dann springt sie. Sehr gewandt, wie eine sportliche Dame. Und alle gehen ins Klassenzimmer zurück, auch Aurora.

»Heute haben wir uns mit der Katze beschäftigt«, sagt Frau Rosenzweig. »Was habt ihr dabei gelernt?«
»Die Katze ist ganz schön schnell«, antwortet Regina.
»Richtig«, sagt Frau Rosenzweig.
»Nächste Woche behandeln wir zum Ausgleich ein langsames Tier, nämlich die Schildkröte. Wer von euch hat eine Schildkröte und könnte sie von zu Hause mitbringen?«
Britta und Peter melden sich.
»Schon wieder zwei Tiere gleichzeitig im Klassenzimmer?« Frau Rosenzweig macht ein besorgtes Gesicht.
»Aber ich glaube, bei Schildkröten können wir das riskieren. Die Schildkröte ist, wie gesagt, ein langsames Tier. Und wenn sich Schildkröten verfolgen, geht es vermutlich langsam zu.«

Dann setzt sie den Unterricht ganz normal fort.
Und was treibt Aurora? Sie hat sich in ihr Körbchen gelegt. Nach dem Schrecken macht sie erst einmal ein Nickerchen.

Fußball im Klassenzimmer

Pause – endlich!
»Ich muß noch was erledigen«, hat Herr Huber, der Lehrer, gesagt und ist ausnahmsweise in der kleinen Pause aus dem Klassenzimmer gegangen.

Aber er steckt noch einmal seinen Kopf herein. Wie ein Nilpferd, das aus dem Wasser auftaucht.
»Daß ihr mir ja nichts anstellt!« sagt er.
Die Kinder nicken brav wie die Chorknaben.
»Selbstverständlich, Herr Huber!«
»Das machen wir nie!«
»Ist doch Ehrensache!«
Aber kaum ist Herr Huber weg, geht es los.
Stefan hat einen Tennisball dabei. Damit

kann man im Klassenzimmer herrlich kicken. Es kracht so schön, wenn man den Ball gegen die Wand knallt. Es ist wie ein Donnerschlag: Wumm! Markus und Leonhard rücken einige Tische an die Wand. Jetzt haben sie freie Bahn.

Frederik spielt den Reporter. Er hat ein Taschentuch um sein Schreibmäppchen gewickelt und spricht in sein Mikrophon: »Der Ball kommt zu Stefan vom FC Bayern München. Was macht er? Gibt er ab? Nein! Stefan holt aus. Schuß – Tooor!«

»Au!« Claudia hat den Ball an den Kopf bekommen.

»Volltreffer!« schreien die Jungen und lachen.

»Stefan vor! Noch ein Tor!« brüllt Markus.

»Ihr Idioten!« ruft Claudia. »Ihr wißt genau, daß ihr im Klassenzimmer nicht Fußball spielen dürft!«

Aber die Jungen wollen davon nichts wissen.
Frederik dichtet:

»Fußball immer, immer,
auch im Klassenzimmer, -zimmer!«

Und das Spiel geht weiter.
»Ja, liebe Fußballfreunde«, brüllt Frederik, der rasende Reporter, in sein Mikrophon.
»Bayern München liegt eins zu null vorn. Was aber macht der HSV? Jetzt hat Leonhard den Ball – Schuß – und Tooor! Es steht eins zu eins.«
Leonhard hat den Ball gegen die Wand geknallt und dabei den Kalender getroffen.
Der fällt herunter.
»Müßt ihr denn alles kaputtmachen?« schimpft Anita.
Die Mädchen wollen eigentlich Verenas Geburtstag vorbereiten.

Morgen soll in der Klasse gefeiert werden.
»Bei dem Höllenlärm kann man sein eigenes Wort nicht verstehen«, sagt Daniela.
Die Jungen bolzen weiter und stampfen wie die Wasserbüffel herum. Der Ball saust durch die Luft. Jetzt springt er vor Claudia hoch.

Frederik kommentiert: »Der Ball ist mitten unter den Zuschauern gelandet.«
»Von wegen«, sagt Claudia.
Sie holt aus und drischt auf den Tennisball.
Sie trifft ihn voll, aber leider springt der Ball nach oben und schlägt wie eine Bombe in eine Lampe ein. Scherben fallen herab.
»Tor!« schreit Stefan.
»Eigentor«, meint Leonhard.
Die Jungen wiehern vor Lachen.
Frederik spricht in sein Mikrophon: »Das ist

Damenfußball! Ein Mondschuß! Das war das Tor des Jahres!«

»Heiliger Strohsack!« stammelt Claudia. Sie ist ganz bleich. Wenn sie den Schaden selbst bezahlen muß, ist ihr ganzes Taschengeld futsch.

In diesem Augenblick geht die Tür auf. Herr Huber kommt herein.

»Was ist denn hier los?« fragt er streng.

Die Fußballspieler stehen da wie die Ölgötzen. Sie haben vergessen, vor der Tür einen Wachposten aufzustellen.

Herr Huber sieht die Scherben auf dem Boden. Er blickt nach oben und entdeckt die Bescherung.

»Wer war das?«

»Ich nicht!« sagt Stefan schnell.

»Ich auch nicht!« sagt Markus.

»Das war Damenfußball«, deutet Frederik geheimnisvoll an.

»Damenfußball?« Herr Huber runzelt die Stirn. »Ihr wollt mich wohl auf den Arm nehmen, ihr Schlitzohren!«
»Nein, ehrlich!« beteuert Stefan.
»Und welche Dame hat sich hier ausgetobt?« will Herr Huber wissen.
Da muß Claudia Farbe bekennen.
»Ich war's«, gibt sie kleinlaut zu.
»Na, das wird ganz schön teuer für dich werden«, meint Herr Huber. »Ich schätze, das kostet dreißig Mark.«
Dreißig Mark! Claudia ist bestürzt.
»Eigentlich«, sagt Stefan zögernd, »war es ja nur ein dummer Zufall.«
Und nun gibt Markus seinem Herzen einen Stoß: »Eigentlich war es nicht reiner Damenfußball.«
»Es war eher eine gemischte Mannschaft«, ergänzt Frederik, der rasende Reporter.
»Aha«, sagte Herr Huber, »jetzt kommen

wir der Sache schon näher. Wer hat denn sonst noch herumgekickt?«

Da heben die Jungen, die gespielt haben, die Hand. Wie brave Chorknaben.

»Ich zahle mit«, sagt Stefan.

Jetzt fühlen sich auch die anderen an ihrer Ehre gepackt.

»Ich zahle auch.«

»Ich auch.«

»Ich auch.«

Frederik hält sein Mikrophon an den Mund: »Meine Damen und Herren –«, sagt er. »Was ist denn in dich gefahren?« fragt Herr Huber entgeistert. Aber Frederik läßt sich nicht beirren.

»Meine Damen und Herren! Es war ein Wohltätigkeitsspiel. Es geht um die Ablösesumme von Claudia. Wer möchte sich beteiligen?«

Da melden sich alle, Jungen wie Mädchen.
»Na gut«, sagt Herr Huber, »ich spreche mit dem Hausmeister. Er besorgt eine neue Lampe. Und Stefan und Claudia sammeln das Geld dafür von jedem in der Klasse ein.«
»Eins zu null für Herrn Huber!« ruft Frederik in sein Mikrophon. Und dann fügt er hinzu: »Eine starke Leistung.«
»Fußball ist eine tolle Sache«, sagt Herr Huber noch. »Aber spielt in Zukunft bitte draußen, ja?«
»Hiermit ist die Hallensaison beendet«, ruft Frederik in sein Mikrophon.
»Und morgen in der großen Pause findet der Anstoß auf dem Sportplatz statt. Die Freiluft-Saison ist eröffnet!«
»Eins zu eins, Frederik«, sagt Herr Huber freundlich. »Das war ein Volltreffer.«

Frau Rosenzweig mit Ziegenbart

»Was machen wir morgen in Zeichnen?« fragte Kai.
»Bringt eure Buntstifte mit«, antwortete Frau Rosenzweig.
»Schon wieder Buntstifte!« sagte Kai enttäuscht.
»Immer nur Buntstifte«, maulten auch die anderen aus der Klasse.
»Womit möchtet ihr denn malen?« fragte Frau Rosenzweig.
»Mit Filzstiften!« rief Kai wie aus der Pistole geschossen.
»Au ja, Filzstifte!« stimmte Annette zu.
»Filzstifte! Filzstifte! Filzstifte!« riefen die übrigen Kinder durcheinander.
»Na gut«, meinte Frau Rosenzweig. »Dann bringt eben eure geliebten Filzstifte mit.«

Ja, und heute war die Zeichenstunde. Alle hatten ihre Filzstifte dabei. Außer Frederik natürlich. Der ist nämlich ziemlich vergeßlich.
Dafür hatte Kai eine Schachtel mit 24 Stiften. Die würden auch für Frederik reichen.
»Was sollen wir denn malen?« fragte Annette.
»Ein Monster!« rief Andreas.

»Eine Rakete«, schlug Claudia vor.
»Ein Rennauto!«
»Eine Wildsau!«
»Ruhe!« rief Frau Rosenzweig. »Jeder zeichnet seinen Tischnachbarn, und zwar das Gesicht.«

Da waren die Kinder zuerst sehr verblüfft.
»Ein ziemlich blödes Thema«, zischte Kai.
Aber dann fingen alle an. Und siehe da, so schlecht war das Thema gar nicht. Bald gab es Gelächter.
»Guck mal, dieses Pfannkuchengesicht!«
»Mensch, hat der Ohren! Wie Jumbo, der fliegende Elefant.«
»Und die Nase! Ein richtiger Rüssel!«
Kai ging aufs Klo.
Als er zurückkam, war er wie vom Donner gerührt.
»Jemand hat in mein Bild gemalt, Frau Rosenzweig«, rief er wütend.
»Was ist denn passiert?«
»Der Frederik auf meinem Blatt hat jetzt eine Brille. Die ist nicht von mir. Und er trägt ja gar keine Brille.«
Das stimmte. Frederik sah auch ohne Brille gut.

»Frederik, hast du etwa die Brille dazugemalt?« fragte Frau Rosenzweig.
»Nein«, sagte Frederik. »Ich war bei Andreas und habe mir einen dicken schwarzen Stift geliehen.«
»Wer war es dann?« fragte Frau Rosenzweig.
Niemand meldete sich. Da war also eine Art Verbrechen passiert. Und der Täter stellte sich nicht!
Frau Rosenzweig sah sich das verunstaltete Bild an. »Eigentlich steht dem Frederik die Brille ganz gut«, meinte sie.
Auch Frederik betrachtete das Bild. Ja, er sah mit Brille ziemlich klug aus.
»Andreas«, sagte er, »kannst du mir mal deine Brille leihen?« Frederik setzte sie auf und sah sich im Spiegel an. Tatsächlich, die Brille stand ihm ziemlich gut. Auch wenn er jetzt schlechter sah.

Da meldete sich Annette.
»Ich habe die Brille auf das Bild von Kai gemalt.«
»Aha«, sagte Kai. »Dann werde ich auch etwas auf dein Bild malen.«
»Das wäre in Ordnung, oder nicht?« fragte Frau Rosenzweig.
Annette nickte, und Kai ging mit einem schwarzen Filzstift an ihren Platz.
Annette hatte Martina ganz gut hingekriegt.
Jetzt malte Kai einen schwarzen Schnurrbart dazu.
»Hihi!« kicherte er. »Martina mit Schnurrbart!«
Das fand Martina gar nicht lustig.
Aber Frau Rosenzweig sagte: »Mit Brillen und Schnurrbärten sehen die Menschen eigentlich viel interessanter aus. Ihr könnt ja alle eure Bilder damit verschönern.«
Jetzt gab es kein Halten mehr. Claudia

bekam (auf dem Bild wenigstens) einen Vollbart, Daniel zwei Ohrringe, Britta eine Augenklappe, Jan Zöpfe und Christine einen Nasenring. Überall wuchsen Voll- und Schnauzbärte.

»Frau Rosenzweig«, sagte Kai, »darf ich auch Sie malen?«

»Natürlich«, antwortete Frau Rosenzweig. Und Kai malte ein großes Bild von ihr. Dann verpaßte er ihr eine Brille, Ohrringe, einen Nasenring, einen Schnurrbart und einen langen, dünnen Ziegenbart, alles auf einmal.

»Du lieber Himmel!« stöhnte sie. »So dürfte ich mich nicht auf der Straße sehen lassen.« Dann fuhr sie fort: »Holt euch Scheren von mir ab. Und schneidet die Gesichter aus. Wir wollen sie auf einem großen Bogen Karton aufkleben.«

Frau Rosenzweig holte den Karton und

breitete ihn auf dem Boden aus. Die Kinder legten die ausgeschnittenen Gesichter darauf, und Frau Rosenzweig klebte sie auf. Kai und Annette halfen ihr dabei.

Dann war das Klassenbild fertig. Frau Rosenzweig heftete den Bogen mit Reißzwecken an die Korkwand neben der Tür.

Genau in diesem Moment klopfte es. Es war Herr Kratzmann, der Schulleiter.

»Frau Rosenzweig«, fing er an, »ich wollte Ihnen nur schnell sagen –«

Da sah er das große Bild mit den wilden Gesichtern.

»Um Himmels willen!« entfuhr es ihm. »Was sind denn das für Ungeheuer?«

»Das sind wir!« rief Annette. »Das ist ein Klassenbild.«

Kai schnappte sich den Zeigestock und deutete auf eine Stelle des Bildes: »Und das ist Frau Rosenzweig.«

Herr Kratzmann schaute zweifelnd zu Frau Rosenzweig hinüber.
»Na ja«, sagte die, »so sehe ich nicht immer aus. Aber an Fasching vielleicht.«
»Sollen wir auch ein Bild von Ihnen machen, Herr Kratzmann?« fragte Frederik.
»Lieber nicht«, antwortete Herr Kratzmann. Und er ging schnell aus dem Klassenzimmer, noch bevor die Schüler damit anfangen konnten.

Die rote Adler-Igel-Mütze

Wie sieht denn Simone heute aus? Sie hat eine echt starke Mütze auf. Eine rote Baseballmütze mit einem schwarzen, aufgestickten Adler. Und dann steht noch ein komisches Wort vorne drauf: »Eagle«.
»Die hat mir mein Onkel Fred aus Amerika mitgebracht«, erklärt sie stolz. »Er ist schon ziemlich alt, dreißig oder so. Aber er ist schwer in Ordnung.«
Mit dieser Mütze ist Simone natürlich der Star in der Klasse. So ein tolles Ding! Da kann man schon neidisch werden.
Herr Huber kommt mit seiner Gitarre ins Klassenzimmer. Es ist Musikstunde.
Simone sitzt ganz vorne, mit ihrer

feuerroten Mütze auf dem Kopf. Natürlich fällt die Herrn Huber gleich auf.

»Aha, Simone«, sagt er. »Du hast eine neue Mütze.«

»Ja«, antwortet Simone stolz, »von meinem Onkel Fred aus Amerika.«

»Was steht denn da drauf?« fragt Herr Huber.

»E-a-g-l-e«, erwidert Simone.

»Das ist englisch«, sagt Herr Huber. »Ausgesprochen wird es ›Igel‹.«

»Das ist kein Igel«, sagt Simone, etwas beleidigt. »Das ist ein Adler.«

»Klar«, meint Herr Huber. »Igel bedeutet im Englischen Adler.«

»Und der Adler ist ein Igel«, ruft Philipp vorlaut dazwischen.

Die Kinder lachen. Verena fängt gleich an zu singen: »Der Adler ist ein I-hi-gel, widebumm, widebumm, widebumm.«

»Hört auf damit«, sagt Herr Huber. Dann wendet er sich wieder an Simone: »Der Unterricht hat begonnen, Simone. Nimm jetzt bitte deine Mütze ab.«
»Ich möchte sie aber heute aufbehalten!« sagt Simone. »Bitte, Herr Huber!«
»Na schön«, meint Herr Huber. »Die Mütze ist wohl wie ein modisches Halstuch oder eine Krawatte. Du darfst sie aufbehalten, aber nur heute. Sonst hocken morgen alle mit Hüten oder Sturzhelmen im Unterricht.«
Simone strahlt. Sie fühlt sich wie eine Königin.
»Wir singen jetzt: Ein Vogel wollte Hochzeit halten«, sagt Herr Huber.
Und Simone schlägt vor: »Ein Adler wollte Hochzeit halten.«
Sie singen alle zwölf Strophen.
»Und jetzt singen wir: Ein Igel wollte Hochzeit halten«, sagt Stefan.

Es ist eine schöne, lustige Musikstunde. Am Ende packt Herr Huber seine Gitarre ein und verläßt das Klassenzimmer.
Simone steht mitten im Raum und läßt sich mit ihrer Adler-Igel-Mütze bewundern.
Aber was passiert da? Kai schleicht sich von hinten an. Dann reißt er Simone die Mütze vom Kopf und rennt damit fort.
Simone ist zunächst fassungslos. Doch dann rennt sie hinter dem Missetäter her.
Sie ist eine gute Sportlerin und läuft schneller als alle Jungen. Fast hat sie Kai eingeholt.
Der aber wirft die Mütze Stefan zu, wie beim Handballspiel. Simone hat jetzt zwar Kai erwischt, doch ihre Mütze ist schon wieder woanders.
Sie muß also zu Stefan rennen. Der bleibt einfach stehen und singt: »Ein Adler wollte Hochzeit halten . . .« Als Simone bei ihm ist,

wirft er die Mütze zu Frederik hinüber. Oder vielmehr: Er läßt sie wie eine Frisbee-Scheibe durch die Luft segeln.
»Das ist eine Gemeinheit!« ruft Simone. Sie nimmt wieder die Verfolgung auf.
Frederik will die Adler-Igel-Mütze zu Markus werfen. Aber er hat den Schwung nicht so gut raus, und die Mütze segelt zu Andrea.
»Ihr blöden Jungs!« sagt Simone. »Andrea, gib mir meine Mütze wieder.«
Was aber macht Andrea? Sie wirft die Mütze ebenfalls weiter. Doch die fliegt auch nicht dorthin, wo Andrea sie haben will. Sie segelt durchs offene Fenster hinaus!
»Du bist echt fies!« beschwert sich Simone. »Und du willst meine Freundin sein? Eine schöne Freundin bist du!«
Andrea hat das nicht gewollt. Aber nun ist die Mütze weg.

»Sie liegt auf dem Dach des Fahrradunterstands«, verkündet Kai freudestrahlend. Er hat aus dem Fenster gesehen.
»Dann hol sie gefälligst«, fordert Simone Andrea auf.
Aber wie? So ohne weiteres gelangt man nicht auf das Dach.
Herr Huber kommt zurück. Alle Kinder stehen am Fenster.
»Was macht ihr denn da?« fragt er.
»Die Adler-Igel-Mütze liegt auf dem Dach«, antwortet Kai. »Und Andrea hat sie dorthin geworfen«, ergänzt Simone.
»Dann muß Andrea sie auch holen«, entscheidet Herr Huber. »Andrea, geh zum Hausmeister und besorg dir eine Leiter. Simone soll mitgehen und dir helfen.«
So geschieht es dann auch. Simone und der Hausmeister halten die Leiter, und Andrea klettert aufs Dach.

Sie holt die Mütze und gibt sie Simone. »Tut mir leid«, sagt sie. »Es war halt ein Spiel. Ich wollte dich nicht richtig ärgern.«
»Ist schon o.k.«, entgegnet Simone versöhnlich.
Dann hält sie Andrea die Mütze hin und sagt: »Du kannst sie auch mal eine Weile aufsetzen.«
Sie gehen ins Klassenzimmer zurück. Herr Huber schreibt gerade Zahlen an die Tafel. Es ist Mathematikstunde.
Herr Huber sieht zu Andrea herüber, die jetzt die rote Mütze trägt.
»Darf ich sie aufbehalten?« fragt Andrea.
Herr Huber seufzt. »Von mir aus«, sagt er. »Heute ist Mützentag. Aber nur, wenn die Mütze nicht wieder zu fliegen anfängt. Verstanden?«
»Alles klar, Chef«, sagt Kai.

Fast eine Moorleiche

Der Klassenausflug ist immer der Höhepunkt des Schuljahres. In diesem Jahr war er besonders schön. Es ging nämlich an den Federsee.

»Der Federsee verwandelt sich langsam in ein Moor«, erklärte Frau Rosenzweig im Bus. »Deshalb dürft ihr auf dem Weg dorthin nur den Holzsteg benutzen. Auch wo die Erde fest und sicher aussieht, kann es gefährlich sein.«

»Man bleibt im Moor stecken und wird zu einer Moorleiche«, rief Ralf dazwischen.

»Sei nicht so vorlaut!« meinte Frau Rosenzweig. »So schnell geht das nicht. Trotzdem sage ich es noch einmal: Bleibt ja auf dem Steg!«

Der Bus hielt auf dem großen Parkplatz. Und wenige Meter entfernt fing auch schon

der Holzsteg an, der mitten durch Moorwiesen zum Federsee führt. Er ist ziemlich lang, fast zwei Kilometer, und macht einige Kurven. Streckenweise liegt er zwischen meterhohem Schilf.
»Ich gehe als letzte«, sagte Frau Rosenzweig. »Rennt nicht so schnell, damit wir beieinanderbleiben. Ich will von hinten sehen, was ihr treibt. Am Kassenhäuschen zahle ich dann den Eintritt für alle.«
Das Kassenhäuschen sah man aber noch gar nicht. Auch den See nicht. Sie gingen eine Viertelstunde auf dem Holzsteg. Dann war es wie im Urwald: riesenhohes Schilf und seltsame Vogelrufe.
Die Unternehmungslustigsten aus der Klasse waren schon weit voraus.
»Halt! Nicht so schnell!« rief Frau Rosenzweig. »Eine alte Frau ist doch kein D-Zug!«

So alt ist sie gar nicht. Aber wenig später blieb sie hinter einer Wegbiegung zurück.
»Das ist ja wie in Afrika«, sagte Ralf. Dann stieß er einen Dschungelschrei aus.
»Ich – Tarzan!« rief er.
»Du Großmaul!« entgegnete Sabine. »Paß mal auf.«
Und damit kletterte sie auf das Holzgeländer des Stegs und balancierte darauf wie eine Seiltänzerin.

»Laß den Quatsch«, rief Ralf. »Wenn du ins Moor fällst, wirst du gleich eine Moorleiche.«
»Du bist ja auch noch ein Angsthase«, erwiderte Sabine und balancierte weiter.
Und da passierte es. Sie rutschte mit einem Fuß an dem glatten Holz ab und fiel hinunter, zwischen das Schilf in den Sumpf. Mit dem Kopf voran.
Ralf war zunächst sehr erschrocken. Würde Sabine wirklich in Sekundenschnelle verschwinden? Verschluckt von dem tückischen Moor?
Ganz so schnell ging es zum Glück nicht.
Sabine tauchte wieder auf.
Offensichtlich hatte sie sich nicht weh getan. Der Boden war ja weich wie Pudding. Aber ihr Gesicht war schwarz.
Und auch ihre Hände und ihre Kleidung waren schlammbedeckt.
»Hilfe! Der Moorteufel vom Federsee!« rief

Sebastian und lachte. Auch die anderen Kinder konnten bei diesem Anblick nicht ernst bleiben.
Aber Sabine war es unheimlich. Sie fand mit den Füßen keinen Halt und konnte sich nicht aus dem Sumpf befreien.
»Helft mir doch raus!« rief sie.
Doch Ralf feixte: »Wir warten, bis Frau Rosenzweig kommt. Dann kannst du ihr erklären, was du da unten machst.«
Das fand Sabine gar nicht lustig. Sanken ihre Füße nicht schon tiefer ein?
Da kam Frau Rosenzweig endlich.
»Sabine!« rief sie entsetzt. Dann sah sie die Jungen an. »Wie ist das passiert? Wer hat sie hineingeschubst?«
»Wir nicht«, verteidigte sich Ralf. »Sabine ist auf dem Geländer herumgeturnt wie auf einem Schwebebalken.«
»Soso«, sagte Frau Rosenzweig. »Dann

geschieht es dir nur recht, Sabine. Warum mußt du immer aus der Reihe tanzen?«

»Wir können Sabine ja wieder rausholen, wenn wir vom See zurück sind«, schlug Ralf vor.

»Das könnt ihr doch nicht machen!« rief Sabine kläglich. »Ich sinke mit jeder Sekunde tiefer! Hilfe!«

»Na gut«, sagte Frau Rosenzweig. Sie streckte ihre rechte Hand nach unten, und Sabine ergriff sie. Frau Rosenzweig zog sie bis zum Boden des Stegs. Dann kletterte Sabine aus eigener Kraft hoch.
»Was soll ich jetzt tun?« fragte sie kleinlaut. Der schwarze Schlamm steckte in ihren Schuhen. Kleider, Gesicht und Hände waren dreckig – sie kam sich vor wie ein Ferkel.
»Du kommst mit«, ordnete Frau Rosenzweig an. »An der Bootsanlegestelle kannst du dich mit Seewasser säubern.«
Sabine wischte sich niedergeschlagen den Dreck aus dem Gesicht. Jetzt sah sie aus wie ein Indianer auf dem Kriegspfad.
Ralf nahm seine Baseballmütze ab und hielt sie Sabine hin. »Du kannst ja meine Mütze aufsetzen. Dann sehen die anderen Besucher dein Gesicht nicht so genau.«

Sabine setzte sich die Mütze auf und zog sie tief in ihr schwarz verschmiertes Gesicht. Dann gingen alle weiter.
Es wurde ein toller Ausflug. Am Kassenhäuschen konnten sich die Kinder rosa Ferngläser für fünf Mark kaufen. Mit ihnen sah man zwar auch nicht viel mehr als mit dem bloßen Auge. Aber wenn das Fernglas vor der Brust baumelte, sah das echt cool aus. Und auf dem See konnte man Boot fahren und den vielen Vögeln zusehen und zuhören.
»Da ist ein Haubentaucher«, sagte Frau Rosenzweig. »Paßt mal auf, wie er untertauchen kann.«
Der große Vogel, der auf dem See schwamm, machte zunächst keine Anstalten, das zu tun.
Aber dann kippte er plötzlich nach unten und war weg.

Wenig später tauchte er ganz woanders auf, wo ihn keiner erwartet hatte. »Nicht schlecht«, sagte Ralf anerkennend. Sabine säuberte sich inzwischen das Gesicht und die Hände mit Seewasser. Jetzt fühlte sie sich schon etwas besser. Nur wenn sie auf ihre Füße sah, wußte sie: Für heute blieb sie ein Ferkel. Ein echtes Moorferkel.